豆乳
でいいんだ

ふわふわホイップも
クリームチーズも。

からだにやさしい
スイーツ53

小松友子
（Bonちゃん先生）

はじめに

　数あるレシピ本の中から本書を手に取っていただき、ありがとうございます。　この本を手にしていただいたみなさんには、きっとさまざまな理由があると思います。牛乳アレルギーがある、乳糖不耐症、食事制限がある、健康のため、ただ豆乳が好き……などなど。

　豆乳は植物性のたんぱく質、ビタミン、カルシウム、鉄、マグネシウム、リンなどのミネラルが豊富。女性にうれしいイソフラボンもたっぷり含まれており、積極的に摂りたい食材ですよね。健康志向が高まる中、豆乳を使いたい人は年々多くなっていると感じます。

　私は長年にわたり牛乳を使ったスイーツレシピを研究し続けてきましたが、みなさんからいちばん多くいただく質問が「豆乳でも代用できますか?」でした。そして、たいてい「代用することは可能ですが、仕上がりの味や風味は異なり、同じようにはできません」とお答えしていました。なぜなら、わずかな使用量でしたらさほど大きな差は出ないのですが、豆乳は牛乳と異なる特性を持つため、レシピのバランスや食感に影響を与えることがあり、同じように仕上がらないことが多いからです。

　そこで、牛乳を使ったスイーツレシピを豆乳に置き換えるべく、研究を重ねました。その結果、できあがったのが本書でご紹介しているレシピです。

　もうあきらめなくて大丈夫。豆乳でいいんです。いえ、豆乳がいいんです。

　本書では、定番のスイーツを豆乳だからこそおいしくできる配合と手順でご紹介しています。また、素材の味をいかすため砂糖を控えめにしたレシピになっています。というのも、生徒さんたちからよく聞くのが「お菓子を作るときはレシピの配合よりも砂糖を控える」という声でした。実は私も同じで、甘いものは食べたいけど甘すぎるのはイヤ。太りたくないけど甘いものをたくさん食べたいんです(笑)

　しかし、お菓子作りはとても繊細で、砂糖を減らすとふくらみにくかったり、きめが粗くなったりして失敗につながることが多くあります。その点、本書を見て作る際には、安心して分量通りに作ってみてほしいと思います。反対に砂糖を増やすことは問題ないので、甘党の人は砂糖を10~15%ほど増やしてみてください。

　最後になりましたが、ただの主婦だった私がレシピ本を出版することになった経緯などにもし興味が湧いたら、そして豆乳だけでなく牛乳でも作ってみたくなったら、先発本の『牛乳さえあれば』をぜひ読んでみてくださいね。

　本書を通して豆乳の魅力とお菓子作りの楽しさが伝わりますように!

Contents

Chapter 1

豆乳ふわふわホイップ クリーム

Chapter 2
豆乳しっかりホイップ クリーム

Chapter 3
豆乳クリームチーズ

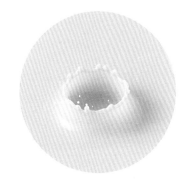

Chapter 4
豆乳そのままスイーツ

豆乳のこと

「豆乳」とは大豆加工品の一種で「すりつぶした大豆を搾って、おからを取り除いた乳状の液体」のことを指します。

豆乳は、約2000年前に中国で誕生したといわれています。日本に伝わったのは奈良時代とされていますが、実は豆乳が飲料として認知されるようになったのは、1983年頃に起こった日本で最初の豆乳ブーム以降です。現代では、飲料から料理、スイーツまで幅広く活用できる便利な食材として親しまれており、健康志向の観点からその消費量は非常に増加しています。

2023年現在、豆乳は「豆乳」「調製豆乳」「豆乳飲料」の3つに分類されています。

本書では「大豆固形分8〜9%程度の（無調整）豆乳」を使用しています。

無調整の豆乳であっても大豆固形分8〜9%のもの以外だと同じような仕上がりにならないことが多いため注意して下さい。

豆乳の種類

豆乳	調製豆乳	豆乳飲料
大豆固形分　8%以上	大豆固形分　6%以上	大豆固形分　2%以上（果汁入り） 4%以上（その他）
原材料は大豆と水のみ。大豆本来の風味をダイレクトに感じることができ、大豆由来の栄養素が多く含まれています。そのまま飲むのはもちろん、料理やスイーツなどに幅広く活用することができます。	無調整の豆乳に砂糖や食塩、植物性油脂などを加えて飲みやすくしたもの。普通の調製豆乳のほか、「特濃調製豆乳」や「低糖質調製豆乳」などもあります。	調製豆乳に果汁やフレーバーを加えたものを指します。甘くて飲みやすいので幅広い世代に人気があります。チョコ、黒ごま、バナナ、バニラ風味など、バラエティ豊富な種類があるのも魅力のひとつです。

（日本豆乳協会WEBサイトなどより）

道具のこと

ボウル

熱伝導のよいステンレス製またはガラス製がおすすめです。ホイップクリームを泡立てる時には、豆乳が側面に当たってはね返るため、高さがあり口径が狭いものがより泡立てやすく、使いやすいです。口が広いタイプは泡立ちにくい場合があります。本書では耐久性にすぐれた18-8ステンレスのボウルとHARIOの耐熱ガラス製ボウルを使用しています。

泡立て器

ホイップ作りでは、小さいボウルに合わせたスリムタイプが使いやすいです。お菓子作りでは、ステンレス製でワイヤーが少ないシンプルタイプが使いやすいと思います。粉の入った生地でも抵抗が少なく、へらで混ぜるように切り混ぜることができます。ハンドミキサーを使わず手動で卵白やホイップを泡立てたい人は、ワイヤーが多いタイプがおすすめです。

ハンドミキサー

回転速度が速くパワフルなものがおすすめです。速度調整は最低でも3段階、できれば5段階あるものがよいでしょう。本書ではKai House SELECTのターボ付を使用しています。ターボスイッチで一気にスピードアップが可能で、短時間で効率よく空気を混ぜることができます。

ザル

オールステンレス製は強度がありさびにくいため、長く使うことができます。ふちの折り返しや脚がないタイプは洗いやすく、衛生的に使うことができておすすめです。本書ではチェリーテラスのザルを使用しています。目詰まりしにくく裏ごしにも使えるため重宝しています。

へら

しなやかでこしのある低熱製シリコーン素材のゴムべらがおすすめです。へらの先がはずれないハンドル一体型のものは、継ぎ目がないため洗いやすくて衛生的。本書ではSELECT100のシリコンべら（写真上・白）などを使用しています。

ハンドブレンダー

アタッチメントが固定のものと取り換えタイプのものがあります。クリームチーズ作りだけで使用するのであればブレンダーアタッチメントがあればOK。取り換えタイプのものはアタッチメントを換えるとさまざまな用途に使えるので重宝します。本書ではバーミックスM300を使用しています。

この本の使い方

【 分量について 】

・大さじ1は15ml、小さじ1は5mlです。

【 食材について 】

ゼラチン／ふやかさないタイプのゼラチンは手間が省けて便利ですが、ふやかすタイプをふやかして使うとダマになりにくいため失敗しづらくなります。本書ではふやかすタイプの新田ゼラチン21を使用しています。

砂糖／「砂糖」と表記されているレシピではどのような砂糖を使用しても大丈夫です。グラニュー糖はふんわり、上白糖はしっとり仕上がるという特徴があるため、明記されているレシピではそちらを使ってください。

塩／自然塩（天然塩）を使用しています。ミネラル分を多く含み、ほんのりとした甘みもあり、まろやかな塩味が出るのでおすすめです。

バター／基本的には無塩バターを使用しています。有塩バターを使っても構いませんが、（無塩）と明記してあるレシピについては、必ず無塩バターを使ってください。

米粉／ミズホチカラの米粉を使用しています。熊本県産の米「ミズホチカラ」は米粉のために開発された品種で、米粉100%でもしっかりとふくらむのが特徴です。ほかの米粉では同じように作れません。

ココナツオイル／ココウェルの「有機プレミアムココナッツオイル」を使用しています。ココナツ特有の香りがまったくないので、どんなスイーツにも使えます。酸化にも強く、冷えると固まる性質があるのでクリームチーズ作りに最適です。冬場など保存中に固まってしまったときは、少しあたためて溶かしてから使用します。

【 オーブンについて 】

リンナイガスオーブンのファンつきを使用しています。機種によって焼き時間や温度が変わる可能性があるので、焼いているお菓子の状態をみて調整してください。スフレチーズケーキなど湯せん焼きをするものについては電気オーブンを使用しています。

Chapter 1

豆乳
ふわふわ
ホイップ
クリーム

この「ふわふわ」感は、ぜひ体験してほしい！
軽くてさわやか、スイーツに添えたりのせたりするのに
もってこいのホイップクリームです。

9

基本の
豆乳ふわふわホイップ
クリーム

豆乳とレモン汁を攪拌して作るふわふわの
ホイップクリームです。レモンの風味がきいて
さわやかな後味が残ります。ライトな食感なので、
さまざまなスイーツにバランスよく調和します。

MATERIALS AND NOTES

材料（できあがり約120g）

豆乳 … 100ml
砂糖 … 15g
レモン汁 … 小さじ1/2
バニラエッセンス … 数滴

1 ボウルに豆乳を入れ、ハンドミキサーの【高速】で1分ほど泡立てる。

2 砂糖を加えて、さらに2〜3分泡立てる。

Memo

時間の経過とともに水分が沈んできてしまうので、なるべく使う直前に作り、30分以内に使用することをおすすめします。

3 きめの細かいホイップ状になったらレモン汁とバニラエッセンスを加え、ハンドミキサーの【高速】で軽く混ぜる。

絹の口どけ
米粉シフォンケーキ
［プレーン／レモン］

米粉ならではのしっとりふわふわ食感が魅力のシフォンケーキ。今までで
いちばんうまく作れたとの声も多く、初心者さんにもおすすめしたい
レシピです。やさしい甘さで豆乳ふわふわホイップとの相性は抜群！

絹の口どけ 米粉シフォンケーキ

［プレーン／レモン］

材料（直径17cmのシフォン型1台分）

［プレーン］

|卵白…L玉 4個分
|砂糖❶…45g

米粉…70g

卵黄…L玉 4個分

A|米油…40ml
|豆乳…35ml
|水…大さじ1

砂糖❷…20g

［トッピング］

豆乳ふわふわホイップ…適量

［レモン］

|卵白…L玉 4個分
|砂糖❶…50g

米粉…70g

卵黄…L玉 4個分

砂糖❷…20g

A|米油…40ml
|豆乳…20ml

レモン…1個

［トッピング］

豆乳ふわふわホイップ…適量

レモンスライス…適宜

粉糖…適宜

レモンの皮のすりおろし…適宜

Memo

一般的なシフォンケーキは卵黄から泡立てて作りますが、このレシピでは卵白（メレンゲ）から泡立てるため、ミキサーの羽を洗う手間が省けます。

［プレーン／レモン共通］

・ シフォン型の筒にオーブンペーパーを巻きつけ、輪ゴムで留める⒜。

・ 卵は使う直前まで冷蔵庫で冷やしておく。

・ **A**をあらかじめ混ぜあわせておく。

・ オーブンを170℃に予熱する。

［レモン］

・ レモンをきれいに洗い、皮の黄色い部分をすべてすりおろす⒝。実の部分は搾り、レモン汁を30ml用意する。

a

b

1. メレンゲを作る。卵白をボウルに入れハンドミキサーの【低速】で軽く泡立てる。砂糖❶を2回に分けて加えながら【高速】で泡立てる。モコモコとした状態になったら⒞、【低速】でさらに1分ほど泡立てて、きめをととのえる⒟。

2. 別のボウルに卵黄を入れてほぐし、砂糖❷を加えて白っぽくなるまでハンドミキサーの【高速】で泡立てる⒠。

3. **A**を少しずつ加えて混ぜる⒡。［**レモンの場合**］レモン汁とレモンの皮も加えて混ぜる。

4. 米粉をふるい入れ、泡立て器で混ぜる。

c

d

e

f

Tips 型からのはずし方

1・ しっかりと冷ましたシフォンをコップなどの上にのせる。

2・ 型を両手でしっかりと押さえて一気に下ろす。

3・ 底面の生地と型の間にパレットナイフを差し込み、型に沿わせながらゆっくりと一周させ、シフォンケーキをそっとはずす。

4・ 最後にオーブンペーパーをゆっくり引き抜く。

こちらで参考動画が見られます。

5・ **1**のメレンゲの1/3量を加えてぐるぐると泡立て器で混ぜる⬡。さらに残りのメレンゲの半量を加え、メレンゲをつぶさないように混ぜる。泡立て器をボウルに沿って大きく回して切るような動きをくり返すと◎。

6・ **1**のボウルに**5**の生地を加え⬡、同じように大きく回しながら混ぜあわせる。

7・ 型に流し入れ、竹串でくるくると混ぜて大きな気泡を消す⬡。

8・ 輪ゴムをはずし、170℃のオーブンで30〜35分焼く。

9・ 焼き上がったらすぐに型ごと逆さにして冷まし、型からはずす⬡ (Tips)。**ふわふわホイップ**を添える。

[レモンの場合] 好みでレモンスライスと粉糖、レモンの皮のすりおろしを飾る。

米粉ハワイアン・パンケーキ
キャラメルバナナ添え

しっとりもちもちのパンケーキに、ふわふわの豆乳ホイップの名コンビ。
これなら罪悪感なくたっぷり食べられますね♪

材料 (直径約10cmのもの8枚分)

米粉 … 100 g
豆乳 … 60ml
砂糖 … 20 g
卵 … M玉 1個
米油 … 大さじ1
ベーキングパウダー … 5 g
塩 … ひとつまみ
[トッピング]
豆乳ふわふわホイップ … 適量
ミックスナッツ … 適宜
粉糖 … 適宜
ミントの葉 … 適宜
[キャラメルバナナ]
バナナ … 2本
砂糖 … 大さじ3
水 … 大さじ1

Memo

豆乳ふわふわホイップは熱
で溶けないので、あたたかい
パンケーキの上にのせても
OKです。

1・ キャラメルバナナを作る。

2・ ボウルに卵を割り入れ、泡立て器で溶きほぐす。塩、砂糖、豆乳、米油の順に加えよく混ぜる。

3・ 米粉とベーキングパウダーをふるい入れ、混ぜあわせる。

4・ 室温で10分ほど生地をやすませる。

5・ フライパンを中火にかけ、米油 (分量外) を入れて熱する。余分な油はキッチンペーパーでふき取る。

6・ 5の生地を軽く混ぜ、お玉半分ほどの生地をすくい、やや高めの位置からフライパンに流し入れる ⓐ。

7・ 弱火にして2〜3分焼き、表面が少し乾いてプツプツと小さな泡が出たら裏返す ⓑ。

8・ さらに1〜2分焼き、うっすらと焼き色がついたら皿などに取る。

9・ 残りの生地もそのつど混ぜながら同様に焼く。

10・ 9を器に盛り、キャラメルバナナと**ふわふわホイップ**をのせ、好みで粉糖と粗く割ったミックスナッツ、ミントの葉を飾る。

キャラメルバナナの作り方

1・ バナナの皮をむき、縦半分に切る。

2・ フライパンに砂糖と水を入れて強めの中火にかける。たまにフライパンを揺すりながら、全体がキャラメル色になるまで煮詰める。

3・ バナナを加えてキャラメルをからめる。

しゅわしゅわ
ビールゼリー

シュワっとさわやか！　ジンジャーエールでラガービール、
炭酸グレープで黒ビールに見立てて作ったゼリーです。
好みの炭酸ドリンクでどうぞ。

材料（200mlのグラス2個分）

炭酸ドリンク（常温）… 300ml
　粉ゼラチン … 5g
　水 … 大さじ1
豆乳ふわふわホイップ … 適量

1・ 粉ゼラチンを水にふり入れ、10分以上ふやかしておく。

2・ 鍋に炭酸ドリンクの1/6量（50ml）と**1**を入れ、混ぜながら
30〜40℃くらいまであたためる。ゼラチンが溶けたらすぐ
に火からおろし、ボウルに移す。

3・ **2**に残りの炭酸ドリンクを静かに加えてやさしく混ぜ@、
グラスに注ぐ。

a

4・ しっかりとラップをかけて、冷蔵庫で8時間ほど冷やし固め
る。

5・ **4**のゼリーをスプーンで軽くくずし、**ふわふわホイップ**をこ
んもりとのせて完成。

Memo

ジュースの甘さを利用して砂
糖は入れません。子ども用に
は砂糖を大さじ1程度、手順**2**
でゼラチンと一緒に加えます。

ふわふわ泡雪アイス 6種

[基本のプレーン／ゆず／いちご／
キウイ／あずき／アールグレイ]

> 豆乳ふわふわホイップがふわふわのアイスに
> 大変身！ 空気をたっぷり含んでいるので、
> かたくなりすぎず口の中でホロっとくずれます。

[基本のプレーン]

材料

> 豆乳 … 100ml
> 砂糖 … 20g
> レモン汁 … 小さじ1/2
> バニラエッセンス … 数滴

[トッピング]
スライスアーモンド
　（ロースト）… 適宜
メープルシロップ
　　… 適宜

1・ P.11の手順通りに**ふわふわホイップ**を作る。

2・ 容器に流し入れ、冷凍庫で一晩凍らせる。

3・ 器に盛り、好みでスライスアーモンドとメープルシロップをかける。

[ゆず／いちご／キウイ]

材料

基本の材料
　◎うち変更
　砂糖 … 20g →
　　ジャム（ゆず・いちご・キウイ）… 30g
＋
ゆず … 適宜
いちご … 適宜
キウイ … 適宜

1・ 砂糖の代わりにジャムを使って、P.11の手順通りに**ふわふわホイップ**を作る。

2・ 好みでカットしたフルーツを加える。

3・ 容器に流し入れ、冷凍庫で一晩凍らせる。

[あずき]

材料

基本の材料
　◎うち変更
　砂糖 … 20g → 粒あん … 60g

1・ 砂糖は入れずに、P.11の手順通りに**ふわふわホイップ**を作る。

2・ 粒あんを入れ、泡立て器で混ぜる。

3・ 容器に流し入れ、冷凍庫で一晩凍らせる。

[アールグレイ]

材料

基本の材料
＋
アールグレイティーバッグ … 1袋

1・ ティーバッグを切り開いて茶葉を出す@。香りづけ用にひとつまみ程度を別によけておく。

2・ 小鍋に豆乳を入れ、中火で沸騰直前まであたためる。**1**を入れふたをして、10分ほどおく。

3・ **2**を茶こしでこし⑥、茶葉が吸った豆乳もスプーンの背でしっかりしごく。

4・ **1**でよけておいた茶葉を加える。

5・ 粗熱が取れたら**4**でP.11の手順通りに**ふわふわホイップ**を作る。

6・ 容器に流し入れ、冷凍庫で一晩凍らせる。

ふわふわソイラテ

濃いめのコーヒーと豆乳のバランスが絶妙なソイラテ。
やさしい味わいが特徴です。
アイスはもちろんホットでもどうぞ。

材料 (1人分)

豆乳 … 100ml
水 … 50ml
インスタントコーヒー … 小さじ1
氷 … 適量
豆乳ふわふわホイップ … 適量
ガムシロップ … 適宜

a

1· 水にインスタントコーヒーをふり入れ、混ぜて溶
　かす。

2· グラスに豆乳と好みでガムシロップを入れて混ぜ、
　氷をたっぷり入れる。

3· 氷にあてるように**1**をゆっくりと注ぐ ⓐ。

4· **ふわふわホイップ**をのせる。

Memo

インスタントコーヒーは水で溶けるタイプのものを使用
しています。

ふわふわキャラメルラテ

ほろ苦くて甘いキャラメルクリームと
豆乳のまろやかな味わいが心地よい余韻を
もたらします。疲れた時のリフレッシュに。

材料（1人分）

豆乳 … 100ml
水 … 50ml
インスタントコーヒー … 小さじ1
キャラメルクリーム（P.43またはP.95参照）… 適量
氷 … 適量
豆乳ふわふわホイップ … 適量

a

1· 水にインスタントコーヒーをふり入れ、混ぜて溶かす。

2· グラスにたっぷりの氷を入れる。グラスの内側にキャラメルク
　リームをつけⓐ、豆乳を注ぎ入れる。

3· 氷にあてるように**1**をゆっくりと注ぐ。

4· **ふわふわホイップ**をのせ、キャラメルクリームをかける。

ふわふわ抹茶ソイラテ

ほろ苦い抹茶とやわらかな豆乳が調和した、
心落ち着く一杯。
あっさりとした後味もソイラテならではの味わいです。

材料 (1人分)

豆乳 … 100ml
湯 (60℃程度) … 30ml
抹茶 … 5g
ガムシロップ … 適量
氷 … 適量
豆乳ふわふわホイップ … 適量
仕上げ用抹茶 … 適宜

a

1· 抹茶に湯を少しずつ加え、小さい泡立て器で混ぜながら溶かす。

2· グラスに豆乳とガムシロップを入れて混ぜ、氷をたっぷり入れる。

3· 氷にあてるように**1**をゆっくりと注ぐ ⓐ。

4· **ふわふわホイップ**をのせ、好みで茶こしで抹茶をふる。

Memo

ホットでもおいしくいただけます。

Chapter 2

豆乳
しっかり
ホイップ
クリーム

つやつや＆もったり。
「しっかり」したテクスチャーのホイップなら
ケーキなどのデコレーションも可能です。

基本の
豆乳しっかりホイップ
クリーム

YouTube未公開、デコレーションもできる豆乳ホイップです。
何度も試作をくり返し、ホイップクリームの
もったりとしたテクスチャーを実現しました。
豆乳のあっさりした味わいとのバランスが絶妙です。

濃密バージョンにはコンデンスミルクをプラス。ロールケーキなどにはこちらがおススメです。より甘さとコクを求める人は、もちろんほかのレシピに使ってもOK。

MATERIALS AND NOTES

材料（できあがり約250g）

豆乳 … 200ml

砂糖 … 20g

　粉ゼラチン … 5g

　水 … 大さじ1

ココナツオイル（無臭タイプ）… 10g

コーンスターチ … 5g

バニラエッセンス … 数滴

[濃密バージョン]

コンデンスミルク … 18g

Point

ココナツオイルが固まっている場合は、湯せんなどであたためて液状にしてから使ってください。

1 粉ゼラチンを水にふり入れ、
10分以上ふやかす。

2 鍋に豆乳とコーンスターチ、
砂糖を入れ、泡立て器で混
ぜながら中火であたためる。
沸騰直前に火からおろす。

3 1を加えて混ぜながら溶かし
てボウルに移し、そのまま常
温になるまで放置する。急
いで温度を下げたい場合は、
氷水にあてながら混ぜる。

4 常温になったらバニラエッセンスを加え、ボウルごと氷水に入れてハンドミキサーの【高速】で泡立てる。

5 かさが約2倍に増えてなめらかなホイップ状になったら、一度氷水からあげて、ココナツオイルを（濃密バージョンの場合はコンデンスミルクも）少しずつ加えながら軽く混ぜる。

6 再び氷水にあて、ゴムべらに替えて好みのかたさになるまでやさしく混ぜる。

いちごの
米粉ショートケーキ

米粉で作るしっとりスポンジは口どけがよく、
コクのある豆乳ホイップクリームと溶けあいます。
スポンジに上白糖を使うとシロップなしでも
パサつかず、きめ細かい仕上がりに。

いちごの米粉ショートケーキ

材料（直径15cmの丸型1台分）

卵 … L玉 2個（正味120g）
上白糖 … 60g
米粉 … 50g
A｜豆乳 … 10ml
　｜バター（無塩）… 10g
豆乳しっかりホイップ
　… 250g（P.27の全量）
いちご
　… 1パック（250～300g）

- 型にオーブンペーパーを敷き込んでおく ⓐ。
- Aをあわせて600Wのレンジで20～30秒加熱し、バターを溶かしておく。
- オーブンを170℃に予熱する。
- いちごをきれいに洗いヘタを切り落とし、キッチンペーパーで水けをふき取る。

［スポンジ］

1・ ボウルに卵と上白糖を入れてハンドミキサーの【高速】で泡立てる ⓑ。

2・ もったりしてきたら【低速】でさらに2～3分泡立て、きめをととのえる ⓒ。

3・ 米粉をふるい入れ、ゴムべらで切るようにしっかり混ぜる。

4・ Aに3の生地をゴムべらひとすくい分加えて ⓓ 混ぜてから3のボウルに戻し ⓔ、つやが出るまで混ぜる。

Memo

しっかりホイップは氷水につけた状態をキープしながら使ってください。ただ、そのまま放置しておくとゼラチンが固まってしまうので、使う直前に作り、デコレーション中もこまめに混ぜるとなめらかな仕上がりになります。

温度が上がってしっかりホイップがダレてしまった時は、もう一度冷やしてから使いましょう。

デコレーション直前までスポンジ生地を冷やしておくとダレにくくなります。

5· 型に生地を流し入れ、竹串でくるくると混ぜ大きな気泡を消し⒡、少し高いところから1〜2回落とす⒢。

6· 160〜170℃のオーブンで30〜35分焼く。

7· 焼き上がったら15cmほどの高さから落として衝撃を与えたあと型からはずし、オーブンペーパーをはがす。

8· 上面を底にしてケーキクーラーの上に置き、ぬれぶきんをかけて常温まで冷ます。

9· 生地を2枚にスライスし⒣、30分ほど冷蔵庫で冷やす。

［組み立て］

10· スポンジ1枚を回転台の上にのせる。**しっかりホイップ**適量を絞り袋に入れ、スポンジの上に絞っていちごを並べる。さらに**しっかりホイップ**適量でおおう⒤。

11· もう1枚のスポンジを切り口が上面になるようにのせ、残りの**しっかりホイップ**といちごでデコレーションする。冷蔵庫で2〜3時間ほど冷やすとカットしやすい。

クリームたっぷり
マリトッツォ
[いちごベリー＆ピーナツクリーム]

すっきりとした味わいの豆乳しっかりホイップ は
ブリオッシュとも好相性。甘ずっぱいいちごベリー味と
コクのあるピーナツクリーム味をご紹介します。

材料（直径7cmのブリオッシュ4個分）

ブリオッシュ … 4個
豆乳しっかりホイップ … 100g
[いちごベリー]
いちご … 4粒
ラズベリージャム … 15g
ピスタチオ（粗く刻む）… 適量
[ピーナツクリーム]
ピーナツクリーム（加糖）… 60g
くるみ（ロースト／無塩）… 6個
粉糖 … 適量

[いちごベリー]

1・ いちごをきれいに洗いヘタを切り落とし、キッチンペーパーで水けをふき取る。うち2粒は薄切りにする。

2・ ブリオッシュに斜めの切り目を入れる。

3・ しっかりホイップにラズベリージャムを混ぜる。

4・ 2に3を少量絞り、いちごを1粒ずつ置く ⓐ。残りのホイップを絞り、パレットナイフで表面をならす。

5・ ホイップの表面に薄く切ったいちごとピスタチオをつけ、ラップで包んで冷蔵庫で2時間ほど冷やす。

[ピーナツクリーム]

1・ ブリオッシュに斜めの切り目を入れる。

2・ ピーナツクリームを塗りひろげ ⓑ、冷蔵庫で15分ほど冷やす。

3・ しっかりホイップを絞り、パレットナイフで表面をならす。

4・ 3の表面にくるみをつけ、ラップで包んで冷蔵庫で2時間ほど冷やす。

5・ 茶こしで粉糖をふる。

○ Memo

できあがってすぐ食べられますが、クリームがしっかり冷えて固まったほうがよりおいしく、より食べやすくなります。

a

b

米粉の
しっとりロールケーキ

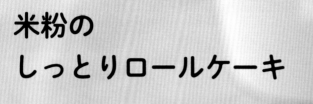

しっとりふわふわに焼き上げた生地で、
さっぱり口当たりのよいクリームをたっぷり巻き込みます。
米粉と豆乳の可能性を最大限にいかした、
軽やかなのに濃密な食べ心地です。

米粉のしっとりロールケーキ

材料 (22×30cmのロールケーキ型1台分)

| 卵白 … L玉 2個分
| 砂糖❶ … 25g
卵黄 … L玉 2個分
砂糖❷ … 10g
米粉 … 40g
A| 豆乳 … 15g
| 米油 … 15g
豆乳しっかりホイップ
　(濃密バージョン)
　　… 約250g (P.27の全量)
粉糖 … 適量

- ロールケーキ型にオーブンペーパーを敷き込んでおく ⓐ。
- 卵は使う直前まで冷蔵庫で冷やしておく。
- Aを混ぜあわせておく。
- オーブンは190℃に予熱する。

1. メレンゲを作る。卵白をボウルに入れハンドミキサーの【低速】で軽く泡立てる。砂糖❶を2回に分けて加えながら ⓑ、【高速】で泡立てる。モコモコとした状態になったら【低速】でさらに1分ほど泡立ててきめをととのえる ⓒ。

2. 別のボウルに卵黄を入れてほぐし、砂糖❷を加えて白っぽくなるまでハンドミキサーの【高速】で泡立てる ⓓ。

3. Aを少しずつ加えて混ぜる。

4. 米粉をふるい入れて、粉っぽさがなくなるまで泡立て器で混ぜる。

5. 1のメレンゲをまず1/3量加えて泡立て器でぐるぐると混ぜ ⓔ、さらに残りの1/2量を加えてさっくり混ぜる。

6. 1のボウルに5の生地を加え ⓕ、大きく回しながら混ぜあわせる。

Memo

バナナやいちじく、みかんなどのフルーツを巻き込んでもおいしく作れます。その場合はしっかりホイップの量を半分ほどにしてください。

7. 型に流し入れ、ドレッジで表面を均等にならす⑨。

8. 180～190℃のオーブンで12～15分焼く。

9. 焼き上がったらすぐに型からはずしてケーキクーラーに置き、粗熱が取れたら30分ほど冷蔵庫で冷やす。

10. 新しいオーブンペーパーを生地の上面にのせて生地をひっくり返し、古いオーブンペーパーをはがす。

11. 生地の奥側1.5cmを斜めに切り落とす⑪。ここが巻き終わりになる。

12. 生地の上に**しっかりホイップ**を塗りひろげる。巻きはじめの手前は厚く、巻き終わりの奥は薄めに塗る①。

13. 生地を手前から巻いていく①。巻き終わったら定規を当てて、下のオーブンペーパーを動かないようにおさえながら定規を手前に引き、生地をしめる⑭。

14. 巻き終わりが下にくるように形をととのえ、オーブンペーパーごとラップで包み冷蔵庫で2～3時間冷やす。

15. 上から粉糖をふり、好みのサイズにカットする。

米粉のもっちりクレープ

[ベリー／チョコバナナ]

歯切れのよさともっちりとした食感が魅力の
米粉で作るクレープです。お米の豊かな風味と
甘みがほんのり口の中に広がります。

材料（直径22cm程度のもの各4枚分）

[共通]

豆乳 … 150ml
米粉 … 50g
卵 … M玉 1個
砂糖 … 15g
米油 … 10ml
塩 … 少々
豆乳しっかりホイップ
　　… 120g（P.27の半量）
粉糖 … 適量

[ベリー]

共通の材料
+
好みのベリー系フルーツ（いちご、
　　ブルーベリーなど）… 適量
ラズベリージャム … 適量

[チョコバナナ]

共通の材料
+
バナナ … 小4本
ココアパウダー … 8g
チョコレートソース … 適量
好みのナッツ（ロースト）… 適量

1・ ボウルに米粉と塩、砂糖を入れ、泡立て器で混ぜる。ココア味の場合は、ここでココアパウダーも加える。

2・ 豆乳を600Wのレンジで1分ほどあたため、まず1/3量を**1**に加えて混ぜる。

3・ よく溶きほぐした卵と残りの豆乳、米油を順に加えてよく混ぜる。

4・ ザルでこし、常温で30分ほどやすませる。

5・ フライパンを中火にかけ米油（分量外）を入れて熱し、余分な米油はキッチンペーパーでふき取る。

6・ **4**の生地をお玉ですくい、フライパンをかたむけながら流し入れる ⓐ。

7・ うっすらとした焼き色がついたら裏返し ⓑ、もう片面をさっと焼く。

8・ 生地をそのつど混ぜながら、残りの生地も同様にして焼く。

[ベリー]

9・ 粗熱の取れた生地に**しっかりホイップ**とラズベリージャム、カットしたフルーツをのせて包む。皿に盛りつけ、茶こしで粉糖をふる。

[チョコバナナ]

9・ 粗熱の取れた生地に**しっかりホイップ**とバナナをのせて巻き ⓒ、皿に盛りつけ、チョコソースをかけてナッツを散らす。茶こしで粉糖をふる。

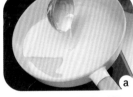

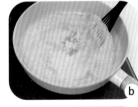

Memo

直径24cmのフッ素加工のフライパンを
使用しています。

1枚目よりも、フライパンが均一にあた
たまり油のむらもなくなる2枚目以降の
ほうが、くっついたりせず、キレイな焼き
色になります。

極厚アイスサンド 3種

[基本のプレーン／キャラメル／コーヒー]

しっかりホイップをビスケットではさむだけで、
満足感のあるぜいたくな一品に。
作りたてはサクサク、時間をおくとしっとり。
ふたつの表情を楽しめます。

材料 (6個分)

[基本のプレーン]

> 豆乳しっかりホイップ
> （もっと濃密バージョン／
> コンデンスミルク30ｇで作る）
> … 約250g (P.27の全量)
> ビスケット … 12枚

[キャラメル]

基本の材料

＋

キャラメルクリーム
　（下記参照／ポリ袋などに
　入れて冷やしておく）… 大さじ2

[コーヒー]

基本の材料

＋

インスタントコーヒー … 小さじ2
くるみ（ロースト／無塩）… 30ｇ

[基本]

1・ ラップの上にビスケットを1枚
置き、**しっかりホイップ**（もっ
と濃密バージョン）を絞って
ⓐ、もう1枚のビスケットを重
ねる。

2・ ラップで巾着のように包みⓑ、
冷凍庫で一晩冷やし固める。

[キャラメル]

1・ **しっかりホイップ**（もっと濃
密）にキャラメルクリームを
マーブル状に混ぜこむⓒ。

2・ ラップの上にビスケットを1枚
置いて**1**を絞り、もう1枚のビス
ケットを重ねる。

3・ ラップで巾着のように包み、
冷凍庫で一晩冷やし固める。

[コーヒー]

1・ **しっかりホイップ**（もっと濃
密）にインスタントコーヒーを
加え混ぜる。

2・ ラップの上にビスケットを1枚
置き、**1**を絞る。くるみを粗く
割って等分にのせ、もう1枚の
ビスケットを重ねる。

3・ ラップで巾着のように包み、
冷凍庫で一晩冷やし固める。

少量ならレンジで簡単！ **キャラメルクリーム**

材料 (6個分)

砂糖 … 30ｇ
水 … 小さじ2
豆乳 … 小さじ1

※もう少し多い分量で
　作りたい場合は
　P.95を参照。

1・ 大きめの耐熱容器に砂糖と水を入
れ、ラップはかけずに薄茶に色づ
くまで600Wのレンジで2分ほど
加熱する。

2・ 粗熱が取れるまで2〜3分ほどおく。

3・ 豆乳を加えて混ぜながらのばす。

Memo

ビスケットとサイズの合うプリン
カップなどがあれば、その中
にラップを敷いて包むと作り
やすいです。

抹茶白玉
クリームゼリー

もちもち、サクサク、ふんわり、つるん。
食感のバラエティボックスのような、楽しいデザートです。
抹茶やあんこの和テイストと豆乳ホイップの相性は鉄板。

材料 (4人分)

[抹茶ゼリー]
水 … 260ml
きび砂糖 … 30g
抹茶 … 10g
　粉ゼラチン … 8g
　水 … 大さじ3

[豆腐白玉]
絹豆腐 … 55〜70g
　（豆腐の種類によって加減）
白玉粉 … 50g
くるみ（ロースト／無塩）… 12個

[トッピング]
粒あん … 120g
栗の甘露煮 … 4個
豆乳しっかりホイップ … 適量

[抹茶ゼリー]

1. 粉ゼラチンを水にふり入れ、10分以上ふやかしておく。

2. ボウルにきび砂糖と抹茶を入れ、泡立て器でよく混ぜる。水を少しずつ加えながらさらに混ぜ、小鍋に移して中火にかける。

3. 1を加え、混ぜながらあたためる。粉ゼラチンが溶けたら火からおろす。

4. 3をボウルに移し、氷水にあてて冷やしながらとろみがつくまで混ぜる。

5. 容器にラップを敷き、その上に流し入れる。冷蔵庫で3時間以上冷やし固める ⓐ。

[豆腐白玉]

6. ボウルに白玉粉を入れ、手でもむようにして細かくくずす。

7. 絹豆腐を加えてなめらかになるまで手でよく混ぜる ⓑ。耳たぶくらいのやわらかさになるように、かたければ水を、やわらかければ白玉粉を加えて調整する。

8. 7を12等分し、くるみを包んで丸める。

9. 鍋にたっぷりの湯（分量外）を沸かし、中火にして8を入れる。

10. 浮いてきたらさらに1〜2分ゆでてから冷水にとって冷やし、水をよくきる。

[盛りつけ]

11. 5を好みの大きさに切って器に盛る。**しっかりホイップ**をのせ、豆腐白玉と粒あんをのせる。栗の甘露煮を添える。

a

b

Memo

余った白玉は保存袋に入れて冷凍できます。白玉がくっつかないように並べて保存袋に入れ、食べる時は冷蔵庫で解凍してから使います。

豆乳ふわふわホイップクリーム

Q1.レモン汁の代わりにお酢でも作れますか？

A1.作れますが、風味が異なります。

**Q2.保存期間はどのくらいですか？
　　冷凍はできますか？**

A2.冷凍も含めて保存はできません。時間が経つと水分が出て分離してくるので、作りたてを召し上がってください。

豆乳しっかりホイップクリーム

**Q3.泡立ててもやわらかいゼリー状になってしまい、
　　かさが増えません。何が原因ですか？**

A3.主な原因として2つ考えられます。
①室温が高く、豆乳液の温度が下がらない。
豆乳しっかりホイップは、室温の空気を取り込ませながら泡立て、冷やすことによって、その形をゼラチンの力で保持します。夏場など室温が高い時は、豆乳液の温度がしっかり下がっていくように、たっぷりの氷水で冷やしながら泡立ててください。
②泡立てはじめるタイミングが遅かった。
豆乳液が固まりはじめる前に泡立てはじめないと、うまく空気を含ませられず泡立ちづらくなってしまうことがあります。常温になった時点が泡立てはじめるタイミングです。もし、固まってしまった場合は、一度鍋に戻して豆乳液を少しあたため直してからやり直してみてください。

**Q4.保存期間はどのくらいですか？
　　また冷凍はできますか？**

A4.冷凍も含めて保存はできません。余ってしまった

クリームは冷蔵庫で冷やしてムースにするなどして召し上がってください。

**Q5.生クリームの代わりに加熱して
　　料理などに使えますか？**

A5.ゼラチンで固めているクリームなので加熱料理には使えません。

**Q6.完成したホイップを放置していたら
　　固まってしまいました。元に戻せますか？**

A6.一度固まってしまったものは、再度混ぜても元通りにはなりません。作りたてを召し上がってください。

ふわふわホイップ、しっかりホイップ共通

**Q7.濃厚豆乳や調製豆乳などほかの豆乳でも
　　作れますか？**

A7.泡立ちが悪くなったり、場合によってはまったく泡立たなかったりなど、同じように仕上がらないことが多いです。P.6でご紹介したタイプの豆乳を使うことをおすすめします。

**Q8.砂糖の代わりにほかの甘味料でも
　　作れますか？**

A8.羅漢果を原料にしたものなど天然の甘味料では作れます。はちみつもOKです。ただ、人工甘味料はさまざまな成分が入っていて、泡立ちを邪魔する可能性もあるので、うまくいかない場合もあるかもしれません。

Chapter 3

豆乳クリームチーズ

豆乳で作ったとは思えないコクと
まろやかさがうれしい濃厚クリームチーズは
さまざまなスイーツに使える万能選手。

基本の
豆乳クリームチーズ

テレビ番組でも紹介された牛乳クリームチーズの豆乳アレンジ版。
ココナツオイルを加えることでまろやかさとコクを補い、
豆乳特有の苦みをやわらげて濃厚さを引き立てます。
豆乳が苦手な人にこそ食べてほしい一品です。

MATERIALS AND NOTES

材料（できあがり約200ｇ）

豆乳 … 450ml
酢 … 30ml
ココナツオイル（無臭タイプ）… 30ｇ
塩 … 1g

Point

酢は米酢や穀物酢などを使用してください。レモン汁でも代用できます。

………………………………………………

キッチンペーパーは、薄手のエンボスタイプではなく、厚手のフェルトタイプを使ってください。

………………………………………………

ココナツオイルの冷えると固まる性質を利用しているため、米油などでは代用できません。無臭タイプを使えばココナツの風味も気にならないため、幅広い料理に使えます。

………………………………………………

一晩おくと、よりなめらかに仕上がります。

………………………………………………

P.51の手順**4**で出てきたホエーには栄養がたっぷり含まれているので捨てないで！　ホエーの活用レシピをP.78にご紹介しています。

1 鍋に豆乳を入れて中火にかけ、ときどき混ぜながらあたためる。

2 鍋のふちがフツフツとしてきたら（60～70℃）弱火にし、酢を回し入れる。

3 弱火のまま分離するまでやさしく混ぜる。しばらくたっても分離してこない場合は酢を小さじ1程度足す。分離したら火からおろす。

4 ザルにフェルトタイプのキッチンペーパーを敷いてひとまわり小さいボウルに重ね、**3**を流し入れて水け（ホエー）をきる。

最後に170gの固形分が残っているようにします。少なければホエーを戻し、多ければさらにホエーをきってください。

5 器に**4**を入れて塩とココナツオイルを加え、ハンドブレンダー（またはミキサー）でつやが出てなめらかになるまで混ぜる。保存容器に移し、粗熱が取れたら冷蔵庫で2〜3時間冷やす。

ひんやりなめらか
レアチーズケーキ

ぎゅっと詰まった口当たりと舌の上でとろける食べ心地の
コントラストがクセになります。作り方はとってもシンプル。
混ぜて冷やすだけなので初心者でも失敗なく作れます。

材料（直径15cmの丸型1台分〈底がはずせるものを使用〉）

[土台]
全粒粉ビスケット … 6枚（約50g）
バター（無塩）… 25g

[生地]
豆乳クリームチーズ … 200g
豆乳 … 200ml
砂糖 … 65g
レモン汁 … 大さじ1と1/3
│ 粉ゼラチン … 7g
│ 水 … 大さじ1と1/2

[トッピング]
ブルーベリー … 適宜

・ 型にオーブンペーパーを敷いておく。
・ バターは湯せんで溶かしておく。

[土台]

1· 全粒粉ビスケットをフードプロセッサーで細かく砕く ⓐ。ボウルに移し、溶かしたバターを加え、全体をむらなく混ぜあわせたら型の底に敷き込む。

2· スプーンの背などで押して厚さを均一にし ⓑ、冷蔵庫で20分ほど冷やし固める。

[生地]

3· 粉ゼラチンを水にふり入れ、10分以上ふやかす。

4· 耐熱ボウルに**クリームチーズ**を入れ、600Wのレンジで40秒ほど加熱して押すと指がすっと入るくらいにやわらかくする。砂糖を入れ、なめらかなクリーム状になるまで混ぜる ⓒ。

5· 3をレンジで10秒ほどあたためて溶かし、4のボウルに少しずつ加えて混ぜる。さらに豆乳とレモン汁を順に加えてそのつどよく混ぜる。

6· 2に流し入れ、冷蔵庫で3時間以上冷やし固める。

7· ぬれぶきんをレンジで20秒ほど加熱し、型の側面に10秒ほどあてて ⓓ から、中身を型からはずす。

8· オーブンペーパーをはがし、好みのサイズにカットする。好みでブルーベリーを添える。

a

b

c

d

ヘルシーなのに濃厚！
スティックチーズケーキ

これ、本当に豆乳で作ったの？　と驚かれます。
食べやすいサイズにカットして、みんなでシェア♪
おいしいコーヒーを淹れて、ちょっとひと息。

材料 (15cmのパウンド型1台分)

[土台]
全粒粉ビスケット … 6枚(約50g)
バター(無塩) … 25g

[生地]
豆乳クリームチーズ … 200g
砂糖 … 45g
卵 … M玉 1個
コーンスターチ … 小さじ2
レモン汁 … 小さじ2

- バターは湯せんで溶かしておく。
- **クリームチーズ**は常温にもどしておく。
- 型にオーブンペーパーを敷いておく @。
- オーブンは170℃に予熱しておく。

a

[土台]

1. 全粒粉ビスケットをフードプロセッサーで細かく砕く(P.53の写真 @ 参照)。ボウルに移し、溶かしたバターを加え、全体をムラなく混ぜあわせたら型の底に敷き込む。

2. スプーンの背などで押して厚さを均一にし(P.53の写真 ⓑ 参照)、冷蔵庫で20分ほど冷やし固める。

[生地]

3. ボウルに**クリームチーズ**を入れて混ぜ、なめらかなクリーム状にする。砂糖を入れ、さらにしっかり混ぜる。

4. 卵を溶きほぐし、**3**に少しずつ加えてよく混ぜる ⓑ。

5. コーンスターチをふり入れて混ぜ、レモン汁を加えてさらに混ぜる。

6. 型に流し入れ、表面をならす。

7. 160〜170℃のオーブンで30〜35分焼く。

8. 焼き上がったらケーキクーラーの上で型ごと冷ます。粗熱が取れたら冷蔵庫で4時間ほど冷やす。

b

9. 型からはずしてオーブンペーパーをはがす。2辺を薄く切り落とし、スティック状にカットする ⓒ。

c

Memo

最後にカットする際、包丁の刃を少しあたためると切りやすくなります。

54

極上の口どけ
スフレチーズケーキ

ふわふわスフレ生地に、豆乳のやさしい風味を
ぎゅっと詰めました。焼き立てのふわふわ（写真左）と
冷やしてジャムを塗った時のしっとり（写真右）、
ふたつの異なる食感をぜひ楽しんでみてください。

極上の口どけスフレチーズケーキ

材料（直径15cmの丸型1台分〈底がはずせるものを使用〉）

豆乳クリームチーズ … 120g
豆乳 … 75ml
砂糖 … 70g
米粉 … 50g
バター（無塩）… 45g
卵 … M玉 3個
レモン汁 … 小さじ1と1/2
塩 … 少々
アプリコットジャム … 適量

- 卵は使うまで冷蔵庫で冷やしておき、直前に卵黄と卵白に分ける。
- 型にオーブンペーパーを敷き込んでおく。
- 湯せん用の湯を準備しておく（60℃程度、天板に深さ2cm程度になる量）。
- オーブンは160℃に予熱しておく。

1. 耐熱ボウルに**クリームチーズ**とバターを入れ、600Wのレンジで1分ほど加熱してやわらかくする。泡立て器でなめらかになるまで混ぜ ⓐ、バターが完全に溶けたら豆乳と塩を入れて混ぜる。

2. 卵黄とレモン汁、米粉を順に加えて混ぜる。

3. メレンゲを作る。別のボウルに卵白と砂糖を入れ、ハンドミキサーの【高速】でつのの先端が曲がるくらいまで泡立てる ⓑ。さらに【低速】で1分泡立ててきめをととのえる ⓒ。

4. 2の生地に3のメレンゲの1/3量を加え、ぐるぐると混ぜる ⓓ。

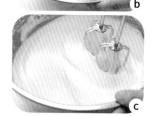

Memo

湯せん焼き：オーブンの天板にお湯をはり、生地が入った型を底に入れて蒸し焼きにする調理方法。ここでは底がはずせる型を使っているので、ぬれぶきんを敷いたバットを置いてから型を入れています。焼成中にお湯がなくならないように注意して下さい。

5. 残りのメレンゲを2回に分けて加えて混ぜ合わせる。

6. 型に流し入れ、竹串でくるくると混ぜて大きな気泡を消す e 。

7. 150～160℃のオーブンで40～50分湯せん焼きにする f 。

8. 焼き上がったら縮み防止のため、オーブンの扉を少し開け、そのまま30分ほど放置する。

9. 型からはずし、側面のオーブンペーパーをはがす。ここで食べると焼きたてふわふわ。表面のアプリコットジャムはお好みでどうぞ。

10. ケーキクーラーの上で冷まし、粗熱が取れたらラップをかけて、冷蔵庫で4時間ほど冷やす。しっかり冷えたら底のオーブンペーパーをはずす。

11. 表面にアプリコットジャムを塗り g 、好みの大きさに切り分ける。

e

f

g

ふわっととろける
ティラミス

ティラミスのとろけるようなクリーミーさはそのままに、
豆乳の風味をプラスすることでより奥深い味わいに。
ゼラチンを使って作るので初心者さんでも失敗知らず。

材料（400mlの容器1台分）

豆乳クリームチーズ … 100g
スポンジ
　（P.32参照／または市販品）… 50g
砂糖 … 20g
卵 … M玉 1個
インスタントコーヒー … 大さじ1
湯（80~90℃程度）… 大さじ3
　│ 粉ゼラチン … 2g
　│ 水 … 小さじ2
ラム酒（好みで）… 小さじ1
ココアパウダー … 適量

- ・ **クリームチーズ**は常温にもどしておく。
- ・ 卵を卵白と卵黄に分けておく。

1・ 粉ゼラチンを水にふり入れ、10分以上ふやかす。

2・ 耐熱容器にインスタントコーヒーを入れ、湯を加える。混ぜてよく溶かし、常温まで冷めたら好みでラム酒を加えて混ぜる。

3・ スポンジを容器に合わせてカットし、容器の底に敷き詰める ⓐ。2をかけてしみ込ませ ⓑ、表面を平らにならす。

4・ ボウルに**クリームチーズ**と砂糖の半量を入れて混ぜる。卵黄を加えてさらに混ぜる。

5・ 1を600Wのレンジで10秒ほど加熱して溶かし、4に少しずつ加えてよく混ぜる。

6・ メレンゲを作る。別のボウルに卵白を入れてハンドミキサーの【高速】でまず軽く泡立ててから残りの砂糖を加え、さらにつのが立つまで泡立てる。

7・ 4に6のメレンゲをまず1/3量ほど入れて混ぜてから、残りのメレンゲを加えて手早く混ぜあわせる。

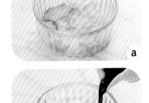
a

8・ 3の容器に流し入れ ⓒ、表面を平らにならして冷蔵庫で3~4時間冷やす。

b

9・ 表面に茶こしでココアパウダーをふる。

c

Memo

市販のスポンジ以外にも、ビスキュイやP.70のブッセを使ってもおいしく作れます。

コーヒー液の量は好みで加減してください。

米粉のニューヨークカップケーキ 5種

［基本のプレーン／オレオベリー／桜／ココパイン／贅沢抹茶］

しっとりふんわり食感が特徴の米粉スイーツは、
豆乳との相性も抜群。豆乳クリームチーズをプラスすることで、
カワイイだけじゃない、満足感もある一品になりました。

米粉のニューヨークカップケーキ 5種

［基本のプレーン／オレオベリー／桜／ココパイン／贅沢抹茶］

［基本のプレーン］

材料（直径7cmの型6個分）

［生地］

A	米粉 … 90g	砂糖 … 40g
	ベーキングパウダー	卵 … M玉 1個
	… 3g	アーモンドプードル
バター（無塩）… 50g		… 15g
豆乳 … 40ml		塩 … 少々

［クリーム］

豆乳クリームチーズ
… 100g
粉糖 … 10g

［トッピング］

スライスアーモンド
（ロースト）… 適量

- 材料はすべて常温にもどしておく。
- Aをあわせてふるっておく。
- マフィン型にグラシンケースをセットする ⓐ。
- オーブンを190℃に予熱しておく。

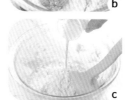

a

b

c

［クリーム］

1· **クリームチーズに粉糖を加えてよく混ぜる。**

2· 絞り袋に入れて冷やす。

［生地］

3· ボウルにバターと塩を入れ、ハンドミキサーの【低速】でなめらかなクリーム状にする。砂糖を加え、さらになめらかになるまで混ぜる ⓑ。

4· 3に溶きほぐした卵を4〜5回に分けて加え、そのつどよく混ぜる。

5· アーモンドプードルを加え、ゴムべらで混ぜる。

6· Aの半量を加え、混ぜる。

7· 残りのAと豆乳を一度に加え、切るように混ぜる ⓒ。

8· 型に入れ、180〜190℃のオーブンで15〜18分焼く。

9· 焼き上がったら型からはずし、ケーキクーラーの上に取って冷ます。

10· 冷めたらクリームを絞り、スライスアーモンドを飾る。

［オレオベリー］

材料

［生地］

基本の材料
◎うち分量変更
米粉 90g→80g
+
ココアパウダー … 10g
冷凍ラズベリー … 12粒

［クリーム］

基本の材料
+
オレオ … 1枚

［トッピング］

オレオ … 3枚

- 冷凍ラズベリーは解凍しておく。
- Aにココアパウダーを加えてふるっておく。

［クリーム］

- 基本の手順**1**で、オレオを細かく砕いて加え混ぜる。

［生地］

- 基本の手順**8**で、型に**7**の生地の半量を入れラズベリーを置く。残りの生地を上からのせ、同様に焼く。

- 基本の手順**10**で半分に割ったオレオをさして飾る。

［桜］

材料

［生地］

基本の材料

+
桜の花の塩漬け … 20g

［トッピング］
桜の花の塩漬け … 6個
ピスタチオ … 適量

- 桜の花の塩漬けは塩を洗い流し、たっぷりの水に10分ほどつけてからキッチンペーパーで水けを絞る。トッピング用6個を取り分け、残りを包丁で細かく刻んでおく。
- ピスタチオは粗く刻む。

［生地］
- 基本の手順5で刻んだ桜の花の塩漬けを加えて混ぜる。
- 基本の手順10で桜の花とピスタチオを飾る。

［ココパイン］

材料

［生地］

基本の材料

◎うち分量変更
豆乳 … 40ml
→ ココナツミルク … 60ml
アーモンドプードル … 15g
→ ココナツファイン … 20g

+
パイナップル（缶詰）… 1枚

［トッピング］
パイナップル（缶詰）… 1/2枚
ココナツファイン … 適量

- 生地用のパイナップルは8mm角に刻みシロップを軽く絞る。
- トッピング用のパイナップルは6等分に切る。

［生地］
- 基本の手順5でココナツファインと刻んだパイナップルを加えて混ぜる。
- 基本の手順7で残りの粉類とココナツミルクを一度に加え、切るように混ぜる。
- 基本の手順10でココナツファインとパイナップルを飾る。

［贅沢抹茶］

材料

［生地］

基本の材料

◎うち分量変更
米粉 … 90g→80g

+
抹茶 … 10g
ホワイトチョコチップ … 30g

［クリーム］

基本の材料

+
抹茶 … 4g

［トッピング］
抹茶 … 適量
金箔 … 少々

- Aに抹茶をあわせてふるっておく。

［クリーム］
- 基本の手順1で、先に抹茶と粉糖をあわせてよく混ぜてから**クリームチーズ**に加えて混ぜる。

［生地］
- 基本の手順7で、残りの**A**と豆乳がある程度混ざったらホワイトチョコチップを加えて混ぜる。
- 基本の手順10で、抹茶を茶こしでふり、金箔を飾る。

スパイス香る
米粉キャロットケーキ

素材の味わいがしっかり感じられる、からだにやさしいキャロットケーキ。隠し味のごま油が全体を風味豊かにまとめます。しっかり冷やすと味がよくなじみます。

材料 (16.5×7cmのパウンド型1台分)

A 米粉 … 120g
　 シナモンパウダー … 小さじ1
　 ベーキングパウダー … 小さじ1/2
　 重曹 … 小さじ1/2
　 ナツメグパウダー … 小さじ1/2
　 カルダモンパウダー … 小さじ1/2
にんじん … 中3/4本程度 (150g)
米油 … 50g
きび砂糖 … 40g
豆乳 … 30ml
卵 … M玉 1個
くるみ (ロースト／無塩) … 20g
ピスタチオ (ロースト／無塩) … 15g
レーズン … 15g
ごま油 … 小さじ1
おろししょうが … 小さじ1/2
塩 … ひとつまみ
[フロスティング]
豆乳クリームチーズ … 200g
粉糖 … 20g
[トッピング]
くるみ (ロースト／無塩) … 適量
ピスタチオ … 適量
にんじん … 適量

・ 豆乳、卵、**クリームチーズ**、にんじん、しょうがを常温にもどしておく。
・ パウンド型にオーブンペーパーを敷いておく。
・ オーブンを180℃に予熱しておく。

1・ ケーキ生地用、トッピング用ともに、にんじんはきれいに洗って皮ごとせん切りスライサーですりおろし(a)、ピスタチオは粗く刻む。くるみも粗く刻む。

2・ ボウルに卵を割り入れ、泡立て器で溶きほぐす。きび砂糖、塩、おろししょうが、米油、ごま油、生地用のにんじん、豆乳の順に加え、そのつどよく混ぜる。

3・ Aをふるい入れ、粉っぽさがなくなる程度にざっくり混ぜる。

4・ くるみとピスタチオ、レーズンを加え、ざっくり混ぜたら型に流し入れる。

5・ 170～180℃のオーブンで35～40分焼く。

6・ 焼き上がったら型からはずし、ケーキクーラーの上で冷ます。

7・ **クリームチーズ**と粉糖を混ぜてフロスティングを作る。

8・ 6が冷めたらオーブンペーパーをはがし、7を塗って、トッピング用のくるみとピスタチオ、にんじんを飾る。

a

Memo

きび砂糖を使うことで味に深みがでます。スパイスは好みで加減してください。

米粉のしとふわ
プチブッセ5種

[基本のプレーン／チーズづくし／
濃厚チョコレート／ラズベリー／ラムレーズン]

米粉ならではのさっくり軽い食感と小さなかわいいフォルムに
「もう一個」とつい手が伸びてしまいます。
バラエティ豊かなフレーバーを存分に楽しんでください。

米粉のしとふわプチブッセ 5種

[基本のプレーン／チーズづくし／濃厚チョコレート／ラズベリー／ラムレーズン]

[基本のプレーン]

材料（直径約6cmほどのもの5個分）

[生地]

> 卵 … M玉 1個
> 米粉 … 25g
> グラニュー糖 … 20g
> アーモンドプードル … 5g

[クリーム]

豆乳クリームチーズ … 80g
粉糖 … 10g

[トッピング]

アーモンドスライス … 適量
粉糖 … 適量

- 卵は卵白と卵黄に分けておく。
- **クリームチーズ**を室温にもどしておく。
- 天板にオーブンシートを敷き、直径5cmの
  セルクルに米粉（分量外）をつけて
  10か所印をつけておく⒜。
- オーブンは190℃に予熱しておく。

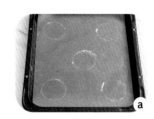

1. **クリームチーズ**と粉糖を混ぜあわせ、絞
   り袋に入れて冷蔵庫で冷やす。

2. メレンゲを作る。卵白をボウルに入れハン
   ドミキサーの【低速】で全体が白っぽくな
   るまで泡立てる。グラニュー糖を2回に分
   けて加え、さらにつのが立つまで【高速】
   で泡立てる⒝。

3. 卵黄を加えて30秒ほど【高速】で混ぜる。

4. 泡立て器に替え、アーモンドプードルと米
   粉を加えて切るように手早く混ぜあわせ
   る。

5. 生地を絞り袋に入れ、印にあわせて10個
   絞り出す⒞。

6. 上から茶こしで粉糖を軽くふる。少しおい
   て表面の粉糖が溶けたら再度粉糖をしっ
   かりとふる。

7. 180〜190℃のオーブンで約10分焼く。

8. 粗熱が取れたらケーキクーラーの上に取って冷ます。

9. 生地の半量を裏返してクリームを絞る⒟。もう片方の生地をかぶせて軽く
   押さえる。

Memo

完成後、時間があれば冷蔵
庫で2時間ほどねかせると、
生地とクリームがなじんで
一体感が生まれます。

［チーズづくし］

材料

［生地］	［クリーム］
基本の材料	**豆乳クリームチーズ** … 80g
	粉糖 … 10g
	パルミジャーノ・レッジャーノ … 3g
	［トッピング］
	パルメザンチーズ … 適量
	粉糖 … 適量

- 基本の手順1で、**クリームチーズと粉糖**に粗く刻んだパルミジャーノ・レッジャーノを混ぜあわせ、絞り袋に入れて冷蔵庫で冷やしておく。
- 基本の手順6で、絞り出した生地の半量にパルメザンチーズをふる。
- 基本の手順9で、パルメザンチーズがついていない生地を裏返してクリームを絞り、パルメザンチーズがついている生地をかぶせる。

［濃厚チョコレート］

材料

［生地］	［クリーム］
基本の材料	**豆乳クリームチーズ** … 80g
+	粉糖 … 10g
ココアパウダー … 5g	チョコレート … 15g
	［トッピング］
	粉糖 … 適量

- 基本の手順1で**クリームチーズ**と粉糖、粗く刻んだチョコレートを耐熱容器に入れてさっと混ぜあわせる。600Wのレンジに20〜30秒かけ、取り出してよく混ぜる。チョコレートが完全に溶けるまで、少しずつあたためて混ぜる、をくり返す。チョコレートが溶けたら絞り袋に入れて冷蔵庫で冷やす。
- 基本の手順4でアーモンドプードルと米粉と一緒にココアパウダーを加える。

［ラズベリー］

材料

［生地］	［クリーム］
基本の材料	**豆乳クリームチーズ** … 80g
	粉糖 … 10g
	ラズベリージャム … 15g
	［トッピング］
	粉糖 … 適量

- 基本の手順9でクリームを絞ったら中央にラズベリージャムをのせ、もう片方の生地をかぶせる。

［ラムレーズン］

材料

［生地］	［クリーム］
基本の材料	**豆乳クリームチーズ** … 80g
	粉糖 … 10g
	ラムレーズン … 15g
	［トッピング］
	粉糖 … 適量

- 基本の手順9でクリームを絞ったらラムレーズンを均等にのせ、もう片方の生地をかぶせる。

昔ながらの
かためレトロプリン

しっかり食感なのにのどごしなめらかなプリンは、
どこかなつかしさを感じる味わい。
豆乳でもしっかりとしたコクが味わえます。

材料 (130mlのプリンカップ4個分)

豆乳クリームチーズ … 100g
豆乳 … 150ml
卵 … M玉 3個
砂糖 … 45g
バター … 適量
[カラメル]
　砂糖 … 40g
　水 … 大さじ1
　熱湯 … 大さじ1
[トッピング]
豆乳しっかりホイップ … 適量
チェリー (缶詰) … 4個

- **クリームチーズ**は室温にもどしておく。
- 型の内側にバターを塗っておく。
- オーブンは150℃に予熱しておく。

1. カラメルを作る。小鍋に砂糖と水を入れて中火にかける。鍋を揺すりながら熱し、濃いめの茶色になったら火を止め⒜、熱湯を入れてすぐにふたをする。

2. 素早く型に流し入れ、型をかたむけながら全体にいきわたらせる。冷蔵庫で10～15分ほど冷やす。

3. ボウルに**クリームチーズ**を入れ、泡立て器で混ぜてなめらかなクリーム状にする。

4. 卵を溶きほぐし、3に少しずつ加えて泡立てないように混ぜる。

5. 豆乳を600Wのレンジで1分ほどあため、砂糖を加えてよく混ぜる。

6. 4に加えて混ぜたら、ザルでこして型に流し入れる。

7. 天板の上にぬれぶきんを敷き、型をのせる。40～50℃の湯 (分量外) を型の1/3程度の高さまで注ぎ、150℃のオーブンで25分ほど湯せん焼き (P.58参照) にする。

8. 庫内でそのまま10分ほどおいてからオーブンから取り出す。粗熱が取れたら冷蔵庫で一晩冷やす。

9. プリン生地と型の間にパレットナイフを差し込み、型に沿わせながらゆっくりと一周させて器を上にかぶせる。　ひっくり返して型をゆっくりはずす。

10. しっかりホイップとチェリーを飾る。

Memo

手順1で熱湯を入れた際、カラメルがはねることがあるので火傷に注意!

⒜

からだよろこぶ豆乳ディップ 5種

［みそはちみつナッツ／酒粕レーズン／
ドライマンゴー／生ハム／ガーリック＆ハーブ］

豆乳と相性のよい食材を混ぜて作る万能ディップは、
おやつにもおつまみにも。クラッカーやバゲットを添えたら
パーティーメニューにもぴったりの華やかさです。

からだよろこぶ豆乳ディップ5種

[みそはちみつナッツ／酒粕レーズン／
ドライマンゴー／生ハム／ガーリック＆ハーブ]

[みそはちみつナッツ]

みそとクリームチーズとはちみつ？
これが驚くほどよく合うんです。

材料（作りやすい分量）

豆乳クリームチーズ … 50g
みそ … 5g
くるみ（ロースト／無塩）… 適量
はちみつ … 適量

みそに**クリームチーズ**を少しずつ加えて溶きのばす。くるみを飾り、上からはちみつをかける。

[酒粕レーズン]

まるでラムレーズンのような濃厚な味わい。
くせになる一品です。

材料（作りやすい分量）

豆乳クリームチーズ … 50g
酒粕 … 25g
レーズン … 20g

酒粕を600Wのレンジで10〜20秒ほどあたためてやわらかくする。**クリームチーズ**を少しずつ加えて溶きのばし、レーズンを加えて混ぜる。冷蔵庫で一晩以上ねかせて味をなじませる。

［ドライマンゴー］

一晩おくとドライマンゴーとクリームチーズに一体感が。
そのままおやつにも♪

材料（作りやすい分量）

豆乳クリームチーズ … 50g
ドライマンゴー … 8g
レモン汁 … 小さじ1/2

ドライマンゴーを5mm角に切る。**豆乳クリームチーズ**、
レモン汁を混ぜあわせ、冷蔵庫で1日ねかせて味をな
じませる。

［生ハム］

生ハムの塩けとクリームチーズがよく合います。
野菜スティックにつけても。

材料（作りやすい分量）

豆乳クリームチーズ … 50g
生ハム … 15g
黒こしょう … 適量

5mm角に切った生ハムと**クリームチーズ**、黒こしょうを
混ぜあわせる。好みでバゲットを添えて。

［ガーリック＆ハーブ］

ガーリックのコクとハーブの香りを
クリームチーズが包んで。好みのハーブでどうぞ。

材料（作りやすい分量）

豆乳クリームチーズ … 50g
ガーリックパウダー … ひとつまみ
ドライハーブ … ひとつまみ
塩 … ひとつまみ
黒こしょう … 適量
フレッシュハーブ（バジルの葉、ローズマリー）… 適量

食べやすい大きさにちぎったフレッシュハーブと、その
ほかの材料をすべて混ぜあわせる。

豆乳ホエー
活用レシピ

豆乳クリームチーズ作りで出た
水分 (ホエー) にはビタミン、ミネラルなどの
栄養がたっぷりで、捨ててしまうのは
もったいない！ 冷凍保存もできるので、
いろいろな料理に活用してみてください。

ホエーごはん

水の半量をホエーに替えるだけ。
炊き上がりはふわ〜っとホエーの香りが漂いますが、
食べるとホエーをほとんど感じません。

材料 (4人分)

米 … 2合 (360ml)
ホエー … 200ml
水 … 200ml

米を洗い、通常通り炊飯する。

梅とちりめんじゃこの
炊き込みご飯

梅干しの酸味をきかせた味わい深い炊き込みご飯です。
おにぎりやお弁当にもぴったり。

材料 (4人分)

米 … 2合 (360ml)
ホエー … 400ml
梅干し … 大3個
ちりめんじゃこ … 25g
白だし (8〜10倍濃縮) … 小さじ2
南天の葉 … 適宜

1· 米を洗って水けをきり、ホエーに30分ほどつけお
く。

2· 梅干しの種と果肉を分け、果肉は刻む。

3· 1に2の果肉と種、ちりめんじゃこ、白だしを加え、
軽く混ぜあわせたら通常通り炊飯する。

4· 炊き上がったら梅干しの種を取りのぞく。器に
盛って、好みで南天の葉を添える。

ホエー入り卵焼き

ふんわりジューシーに仕上がる卵焼き。
白だしの味を引き立てるため、砂糖は入れずに作ります。

材料（2人分）

卵 … M玉 3個
ホエー … 大さじ3
白だし（8〜10倍濃縮）… 小さじ1
油 … 適量

1・ 卵をボウルに割り入れ、しっかりと溶きほぐす。
ホエーと白だしを加えてさらによく混ぜる。

2・ 卵焼き器またはフライパンを中火で熱して油を
ひく。キッチンペーパーで余分な油をふき取る。

3・ 中火のまま1の1/4量を流し入れる。軽く箸でか
き混ぜ半熟状になったら奥から手前に折り返す
ように巻く。

4・ 同様に油をひいて卵液を流し入れ焼いて巻く、
を3回くり返す。

野菜のホエー浅漬け

冷蔵庫に余っている野菜ならなんでもOK！ 余った
ホエーと作るエコレシピです。ジッパー袋でも作れます。

材料（作りやすい分量）

野菜（キャベツ、きゅうり、
　にんじん、だいこん、
　みょうがなど）
　… あわせて400ｇ程度
塩 … 小さじ1

[漬け汁]
ホエー … 300ml
昆布（10×10㎝）… 1枚
塩 … 小さじ1
唐辛子（小口切り）
　… 小さじ1/2

1・ 野菜を食べやすい大きさに切って塩をふり、軽く
もんで水けが出るまで30分ほどおく。

2・ 保存容器またはジッパー袋に漬け汁の材料をす
べて入れて混ぜる。

3・ 1の水けを手でしっかり絞って2に入れ、冷蔵庫
で一晩ねかせる。

ホエードリンク

ホエーにはちみつとレモン汁を加えて混ぜるだけ。ホエーの栄養を
余すところなくたっぷりいただけます。しっかり冷やすとおいしいです。

材料（1人分）

A｜ ホエー … 150ml
　｜ はちみつ … 大さじ1
　｜ レモン汁 … 大さじ1
氷 … 適量
レモンスライス … 適宜

1・ Aをすべてあわせてよく混ぜる。

2・ グラスに氷を入れて1を注ぎ、好
みでレモンスライスを飾る。

豆乳クリームチーズ

Q1.濃厚豆乳や調製豆乳などほかの豆乳でも作れますか？

A1.舌ざわりやできあがりの量が変わってきますが、濃厚豆乳でもクリームチーズは作ることができます。スイーツに使用するときはほかの分量との調整が必要になってくるので避けた方が無難です。また調製豆乳も製品によって添加物が入っており、固まらないことがあるため使用を避けてください。

Q2.ココナツオイルはほかの油でも代用できますか？　入れなくても作れますか？

A2.ココナツオイルの「常温で溶け、冷えると固まる」性質を利用しているため、ほかの油では同じようにはできません。無味無臭タイプのココナツオイルを使用しているので風味の面では影響はなく、入れなくても作れますが、コクとかたさが減少してしまいます。

Q3.フェルトタイプのキッチンペーパーでないとダメでしょうか？

A3.エンボスタイプだと強度が足りないので、ぜひフェルトタイプを使ってください。フェルトタイプのキッチンペーパーがない場合は、さらしを使っても大丈夫です。

Q4.豆乳を火にかけてあたためた時、かなり細かい粒になってしまいました。なぜでしょうか？

A4.原因として以下の2つが考えられます。
①酢を入れた後、強く混ぜすぎた。
酢を回し入れた後は、やさしく、静かに混ぜてください。

②あたためる時の温度が低すぎた。
鍋を火にかけ豆乳をあたためる時は、鍋のふちがフツフツとするまで、均一に熱が入るようたまに混ぜながら「中火で」加熱してください。

Q5.できあがりにザラザラ感が残ってしまいましたが失敗でしょうか？

A5.原因として以下の2つが考えられます。
①ハンドブレンダーをかける時間が足りなかった。または均一にかかっていなかった。
最後に混ぜる段階では、全体につやが出るまでしっかりとハンドブレンダーまたはミキサーにかけて混ぜてください。
②豆乳を高温で長い時間加熱してしまった。
鍋のふちがフツフツとしてきたら(この時60〜70℃になっています)、弱火にしてください。なかなか分離してこない場合は、加熱を続けるのではなく酢を小さじ1程度足してみてください。

Q6.ハンドブレンダーを持っていないのですが、代用品はありますか？

A6.ミキサーやフードプロセッサーでもなめらかにすることはできます。

Q7.ホエーを一度に使い切ることができません。

A7.冷凍保存ができます。小分けにして凍らせておくと便利です。

Q8.保存期間はどのくらいですか？　また冷凍はできますか？

A8.2〜3日を目安に使ってください。冷凍はできません。

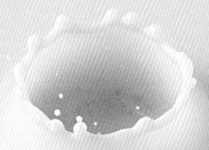

Chapter 4

豆乳
そのまま
スイーツ

栄養たっぷりの豆乳を、そのままいただくような
おいしくてからだにもやさしい
こんなスイーツなら、毎日でも食べたい!

台湾豆花 <small>トゥ ファ</small>

台湾で人気のデザートは豆乳が主役！
あっさりとした味わいなので、好みのトッピングや黒蜜、
シロップなどでカスタマイズして楽しんでください。

材料（2〜3人分）

豆乳 … 300ml
砂糖 … 15g
　｜ 粉ゼラチン … 5g
　｜ 水 … 大さじ1
黒蜜 または
はちみつジンジャーシロップ *1
　… 適量
[トッピング]
小豆
ゆでたもち麦
ゆでた落花生
タピオカ
さつまいもの甘露煮 *2
白きくらげの甘煮 *3
クコの実
など … いずれも適宜

1・ 粉ゼラチンを水にふり入れ、10分以上ふやかす。

2・ 鍋に半量の豆乳と砂糖、**1**を入れてあたためる。

3・ **1**が溶けたら火からおろし、残りの豆乳を加えて混ぜる。

4・ 容器に注ぎ入れ、粗熱が取れたら冷蔵庫で4時間ほど冷やし固める。

5・ 器に取り分け、好みのトッピングをのせて黒蜜またははちみつジンジャーシロップをかける。

*1・はちみつジンジャーシロップ

（作りやすい分量）しょうがスライス2枚、はちみつ15g、水20mlを耐熱容器に入れて混ぜあわせる。600Wのレンジで40秒ほど加熱し、粗熱が取れたら冷蔵庫で冷やす。

*2・さつまいもの甘露煮

（作りやすい分量）さつまいも150gを1cmの角切りにして30分ほど水につける。小鍋にさつまいもとひたひたの水を入れて強火にかける。沸騰したら湯を捨て、新しい水と砂糖・みりん各大さじ1を加えて弱火にかける。ふたをしてさつまいもがやわらかくなるまで煮る。冷めるまでそのままおく。

*3・白きくらげの甘煮

（作りやすい分量）乾燥白きくらげ5gをぬるま湯に1時間ほどつけてもどし、水をきって食べやすい大きさに切る。小鍋に水200mlと砂糖20gを入れて中火にかける。煮立ったら白きくらげを入れ、ふたをしてたまに混ぜながら30分ほど煮る。冷めるまでそのままおいて味をふくませる。

まろやか豆乳プリン

本当に豆乳？　と驚いてしまうまろやかな口どけが
魅力のプリン。余熱で少しずつ加熱することで、
失敗なく「なめらか・ぷるん・とろーり」食感がうまれます。

材料 (130mlのプリンカップまたは耐熱グラス4個分)

豆乳 … 300ml
卵 … M玉 2個
砂糖 … 40g
[カラメル]
　砂糖 … 40g
　水 … 大さじ1
　熱湯 … 大さじ1
豆乳ふわふわホイップまたは
　豆乳しっかりホイップ … 適量
タイムの葉 … 適宜

1・ カラメルを作る。小鍋に砂糖と水を入れて中火にかける。鍋を揺すりながら熱し、濃いめの茶色になったら火を止め、熱湯を入れてすぐにふたをする。

2・ プリンカップに等分に流し入れる。

3・ 豆乳を600Wのレンジで1〜1分30秒ほど加熱してあたため、砂糖を加えてよく混ぜる。

4・ ボウルに卵を割り入れ、卵白のコシを切るようにしっかりと溶きほぐし、3を少しずつ加えて混ぜる。

5・ ザルでこしてプリンカップにそっと流し入れ、ラップでふたをする。

6・ 厚手の鍋にプリンカップの2/3以上がつかる量の湯（分量外）を沸騰させる。

7・ 火を止めて鍋の底にふきんを敷き、5を並べる ⓐ。

8・ 鍋にふたをし、そのまま10分ほどおく。

9・ 再度弱火にかけ、湯がぐつぐつしはじめたら火を止めて10分ほどおく。

10・ 9をもう一度くり返す。

11・ プリンを揺すってみて固まっていたら鍋から取り出す。固まっていないようなら9をくり返す。

12・ 粗熱を取り、冷蔵庫で3〜4時間冷やす。

13・ **ふわふわホイップ**または**しっかりホイップ**をのせて、好みでタイムの葉を飾る。

Memo

手順1で熱湯を入れた際、カラメルがはねることがあるので火傷に注意！

ⓐ

桃のなめらか ブランマンジェ

フランス生まれの伝統的なデザートも、
豆乳の風味豊かなコクをいかしてアップグレード。
桃以外にも好きな季節のフルーツでアレンジしてみてくださいね。

材料（300mlのグラス2個分）

豆乳 … 200ml
砂糖 … 10g
コーンスターチ … 6g
　　粉ゼラチン … 3g
　　水 … 小さじ2
桃 … 2個
チャービルの葉 … 適宜
[桃の簡単コンポート]
桃 … 1個
A　水 … 大さじ1
　　白ワイン … 大さじ1
　　砂糖 … 小さじ2
　　レモン汁 … 小さじ2

1・ 桃の簡単コンポートを事前に作って冷やしておく。

2・ 粉ゼラチンを水にふり入れ、10分以上ふやかす。

3・ 鍋に豆乳と砂糖、コーンスターチを入れてよく混ぜる。中火にかけて混ぜながらあたためる。

4・ 3に2を加え、混ぜながら溶かす。粉ゼラチンが溶けたら火からおろし、ボウルに移す。

5・ ボウルごと氷水につけながら、とろみがつくまで混ぜながら冷やす。

6・ グラスの底に桃の簡単コンポートを入れる。その上に5を入れ、冷蔵庫で3〜4時間冷やし固める。

7・ 桃の皮をむいてくし形に切り、各グラスに1個分ずつのせる。好みでチャービルの葉を飾る。

桃の簡単コンポートの作り方

1・ 桃の皮をむき、果肉をひと口大に切る。皮も捨てずにおく。

2・ 鍋に1の果肉と皮、Aを入れ、ふたをして中火にかける。沸騰したらふたを取り、ときおり混ぜながら汁けが少なくなるまで中火で煮る。

3・ 皮を取り出し、粗熱が取れたら冷蔵庫で冷やす。

Memo

桃の皮は、包丁で浅く十字に切り目を入れて熱湯に5秒ほどくぐらせてから冷水にひたすと、つるんときれいにむけます。

新感覚！
ほうじ茶バナナプリン

ゼラチンも卵も使いません。バナナに含まれる
ペクチンだけで豆乳を固める不思議なデザート。
香ばしいほうじ茶がバナナの甘みを引き立てます。

材料（400mlの容器1個分）

熟したバナナ … 2本（約240ｇ）
豆乳 … 加熱後のバナナ果肉と同量
ほうじ茶パウダー … 大さじ1/2
豆乳ふわふわホイップ または
　豆乳しっかりホイップ … 適量
バナナ … 適宜
チョコレート … 適宜
ほうじ茶パウダー … 適宜

1・ バナナは上下のヘタを切り落として耐熱容器に並べ、ふんわり
　　とラップをかけて ⓐ、バナナがトロっとなるまで600Wのレン
　　ジで3〜4分ほど加熱する。

2・ 粗熱が取れたら、あたたかいうちに中身をスプーンでかき出し、
　　重さを量る。

3・ 2と同量の豆乳を準備する。

4・ ミキサーに2と豆乳、ほうじ茶パウダーを入れ、なめらかになる
　　まで撹拌する。

5・ 器に入れ、冷蔵庫で3〜4時間冷やし固める。

6・ **ふわふわホイップ** または **しっかりホイップ** と、好みでバナナと
　　削ったチョコレートを飾り、ほうじ茶パウダーをふる。

ⓐ

Memo

バナナを加熱しすぎると破裂する
ことがあるので注意！ 粗熱が取れ
るまでラップは取らないでください。

ペクチンはバナナの皮の内側に多
く含まれているので、繊維質もしっ
かりとかき出してください。

勝手に2層の
ソイミルクプリン
［かぼちゃ／こしあん］

混ぜて冷やし固めるだけで、2色のコントラストが
かわいいデザートに。豆乳と相性のよいかぼちゃや
あんこの甘みを生かしてシンプルな味わいに仕上げました。

［かぼちゃ］

材料 (130〜150ml程度のカップ4個分)

豆乳 … 300ml
かぼちゃ … 70g程度
砂糖 … 25g
　｜ 粉ゼラチン … 5g
　｜ 水 … 大さじ1
メープルシロップ … 適量

1・ 粉ゼラチンを水にふり入れ、10分以上ふやかす。

2・ かぼちゃは種とワタを取り一口大に切る。耐熱容器に並べ、少量の水（分量外）を入れて軽くラップをかけ、600Wのレンジで3分ほど加熱する。かぼちゃがやわらかくなったら皮を取りのぞき、あたたかいうちにフォークの背でつぶす。

3・ ボウルに豆乳と2を入れ、泡立てないように混ぜる。ザルでこして鍋に入れ、砂糖と1を加えて中火にかける。

4・ 粉ゼラチンが溶けるまで混ぜながらあたためる。

5・ カップに入れ、2層に分離するまで常温で20〜30分ほどおく。上下2層に分かれたら冷蔵庫で3〜4時間冷やし固める。

6・ メープルシロップをかける。

Memo
さつまいもでも作れます。

［こしあん］

材料 (130〜150ml程度のカップ4個分)

豆乳 … 300ml
市販のおしるこ（こしあん） … 160g
　｜ 粉ゼラチン … 5g
　｜ 水 … 大さじ1
いちご … 4粒

1・ 粉ゼラチンを水にふり入れ、10分以上ふやかす。

2・ 鍋に豆乳とおしるこ、1を入れて中火にかける。

3・ 粉ゼラチンが溶けるまで混ぜながらあたためる。

4・ カップに入れて2層に分離するまで常温で20〜30分ほどおく。上下2層に分かれたら冷蔵庫で3〜4時間冷やし固める。

5・ いちごを飾る。

豆乳ソフトクリーム

ちょっぴり感じるシャリシャリ感が
どこかなつかしい味わい。鼻からふわっと抜ける
豆乳の風味とさっぱりとした後味が魅力です。

材料 (コーンカップ2個分)

豆乳 …300ml
コンデンスミルク …40g
砂糖 …25g
　粉ゼラチン …5g
　水 …大さじ1
バニラエッセンス …数滴
コーンカップ …2個
五色ぶぶあられ …適宜

1・ 粉ゼラチンを水にふり入れ、10分以上ふやかす。

2・ 鍋に豆乳の1/3量と1、砂糖を入れ、混ぜながら中火であたためる。

3・ ゼラチンが溶けたら火からおろし、残りの豆乳とコンデンスミルク、バニラエッセンスを加えて混ぜる。

4・ 3を大きめのボウルに入れて粗熱を取り、冷凍庫に入れて5~6時間冷やす。

5・ 箸で力を入れてさせるくらいのかたさになったら、ハンドミキサーの【低速】で攪拌する ⓐ。

6・ 細かいそぼろ状になったら ⓑ、ゴムベラに替え、ボウルの側面に押し付けるようにしてなめらかな状態にする ⓒ。

7・ 再度ハンドミキサーに替えて【中速】で攪拌し、粘りのあるクリーム状になったら絞り袋に入れ、コーンカップに絞る ⓓ。好みで五色ぶぶあられを飾る。

> Memo
>
> 手順5でかたくなり過ぎた場合は冷蔵庫に移して少し温度を上げ、かたさを調整してください。

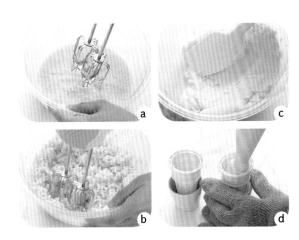

豆乳で作るコンデンスミルク

豆乳で練乳!? と驚く人続出中!
手作りならではの素朴な味わいは
一度知ってしまうとやみつきになること必至です。

材料（できあがり約100g）

豆乳 … 300ml
砂糖 … 60g
塩 … ひとつまみ

1· 口の広い鍋に豆乳を入れて、中火にかける。

2· 吹きこぼれないように注意し、沸騰した状態を5〜6分たもつ。

3· 砂糖と塩を加えて、へらで混ぜながらさらに加熱する。

4· 鍋底が見えるくらいまで煮詰まったら、火からおろしザルでこす。

5· 保存容器に入れ、粗熱が取れたら冷蔵庫で冷やす。

Memo

冷蔵で2〜3週間。冷凍で2〜3か月
保存可能です。

豆乳キャラメルクリーム

キャラメルクリームも豆乳で作れるんです。
罪悪感もちょっぴり少なめ。
さまざまなスイーツのトッピングに重宝します。

材料（できあがり約100g）

砂糖 … 100g
豆乳 … 60ml
水 … 小さじ1
塩 … ひとつまみ

1・ 小鍋に砂糖と塩、水を入れて弱めの中火にかける。

2・ 鍋を揺すりながら全体に色をつけ、キャラメル色になったら弱火にする。

3・ 600Wのレンジで40秒ほどあたためた豆乳を少しずつ加え、そのつど小さい泡立て器で手早く混ぜながら、とろみがつくまで全体を混ぜあわせる。

4・ ハンドブレンダーで攪拌し、なめらかなクリーム状にする。

5・ 保存容器に入れ、粗熱が取れたら冷蔵庫で冷やす。

Memo

冷蔵で1か月程度。冷凍で2〜3か月程度保存可能。

豆乳を加える時、キャラメルが飛びはねることがあるので火傷に注意してください。

95

—— PROFILE ——

小松友子
こまつゆうこ

牛乳レシピ研究家／サステナ料理研究家

慶應義塾大学商学部卒。一般企業勤務を経て、誰でも気軽に実践できるサステナブル料理を中心とした料理教室「手作りキッチン工房Bonheur（ボヌール）」を主宰。人気を博し、予約が取れない料理教室として多くの取材を受ける。ノーリツ毎日グリル部オフィシャルメンバーや料理王国オフィシャル料理家をはじめとする企業などのアンバサダーも数多く務め、大手スーパー、食品メーカーなどへのレシピ提供やテレビ番組への出演も多数。2020年からはYoutubeチャンネル「料理教室のBonちゃん」も運営。2023年12月末現在チャンネル登録者数18万人。「Bonちゃん先生」として多くの人から親しまれている。

Instagram @bonheurpan

「手作りキッチン工房Bonheur」
https://bonheurpan.wixsite.com/mysite

Bonちゃん先生
ぽんちゃんせんせい

Youtubeチャンネル
「料理教室のBonちゃん」
@bon6967

豆乳でいいんだ
ふわふわホイップもクリームチーズも。からだにやさしいスイーツ53

撮影 ● 佐藤 朗 (felica spico)
撮影アシスタント ● 佐藤香代子
スタイリング ● 綱渕礼子
調理アシスタント ● 大島正江
器協力 ● UTUWA
デザイン ● 千葉佳子 (kasi)
イラスト ● 小松芽愛 (加湿器)
校正 ● 坪井美穂
編集 ● 西村 薫

2024年1月25日 初版発行

著　者　　小松友子（Bonちゃん先生）

発行者　　山手章弘
発行所　　イカロス出版株式会社
　　　　　〒101-0051
　　　　　東京都千代田区神田神保町1-105
　　　　　電話　　03-6837-4661（出版営業部）
　　　　　メール　book1@ikaros.co.jp（編集部）

印刷・製本所　図書印刷株式会社